3 Tage in

DRESDEN

W0057584

Ankommen.
Einchecken.
Losgehen …

DRESDEN *ENTDECKEN*

⊙ Adresse
◉ Haltestelle
⊘ Öffnungszeiten
⊕ Webseite
© Telefon

⊙ Lieblingsplatz
⊛ Klassiker/Highlight
① Exkurs
→ siehe Seite

3-TAGE-IN
TIPP

Mehr erleben!

SEMPEROPER

Eines der schönsten und renommiertesten Opernhäuser der Welt,
das du unbedingt auch von innen
besichtigen solltest.
(→ S. 11 f.)

MUSEEN

Eines der zahlreichen Dresdner Museen
solltest du besichtigen! Eindrucksvoll:
das Militärhistorische Museum nach
dem Umbau durch Daniel Libeskind.
(→ S. 74)

FRAUENKIRCHE

Ein architektonisches Highlight
als Gegenstück zur Hofkirche!
Sinnbild für das erstarkte Bürgertum.
(→ S. 24 f.)

RESIDENZSCHLOSS

Dieses architektonische Schmuckstück
bildet den Rahmen für die Präsentation
einzigartiger Kunstschätze.
(→ S. 26 ff.)

PFUNDSMOLKEREI

Im schönsten Milchladen der Welt
musst du einfach ein bisschen Zeit
verbringen und vielleicht auch das
ein oder andere Mitbringsel kaufen.
(→ S. 35)

ELBERADWEG

Per Fahrrad lassen sich entlang der
Elbe Elbwiesen, Dresdner Heide,
Schlösser, Parks und Grünanlagen
entdecken.
(→ S. 40 ff.)

BLAUES WUNDER

Von dem technischen Wunderwerk
aus kannst du den Blick weit über die
Elbe schweifen lassen.
(→ S. 42)

ZWINGER

Das barocke Meisterwerk lädt ein,
wie einst die höfische Festgesellschaft
zu lustwandeln und Kunstsammlungen von Weltruhm zu bewundern.
(→ S. 44 ff.)

● DRESDEN *LIEBLINGSPLÄTZE*

CANALETTO-BLICK
Wie einst Canaletto vom Neustädter Elbufer aus flussaufwärts den Blick auf die Stadtsilhouette mit Hof- und Frauenkirche werfen.
(→ S. 32)

ELBERADWEG
Auf der Radtour entlang des Elbufers im Lingnerpark in der Strausswirtschaft von Winzer Lutz Müller einkehren bei köstlichem Wein und frischen Flammkuchen.
winzer-lutz-mueller.de/strausswirtschaft
(→ S. 40)

ZWINGER
Dem Glockenspiel im Glockenspielpavillion des Zwingers zuhören, das im Sommer jede Viertelstunde ertönt, und die Glocken aus Meissner Porzellan bewundern.
(→ S. 45)

LOSCHWITZ
Mit der Standseilbahn den malerischen Elbhang hinauffahren, durch das Villenviertel Weißer Hirsch spazieren und deinen Blick über das Dresdner Elbtal schweifen lassen.
(→ S. 41 f.)

ÄUSSERE NEUSTADT
Im Alaunpark auf der Wiese liegen und dem Treiben ringsum zuschauen.
(→ S. 76)

SCHLOSS PILLNITZ

Das Flair von Park Pillnitz ohne viele Touristen genießen. Das geht nach 18 Uhr, wenn der Park kostenlos zugänglich ist. Dann kannst du wie früher der Kurfürst lustwandeln!
(→ S. 43)

NACHTSKATEN

Jeden Freitag Abend kannst du auf Rollen die Stadt entdecken. Für die „verrückteste Stadtrundfahrt in Dresden" werden ab der Halfpipe an der Lingnerallee verschiedenen Routen angeboten.
nachtskatendresden.de

FILMNÄCHTE

Bei den Filmnächten am Elbufer den Film oder das Konzert mit dem Ausblick auf die Stadtsilhouette am gegenüberliegenden Elbufer genießen.
(→ S. 67)

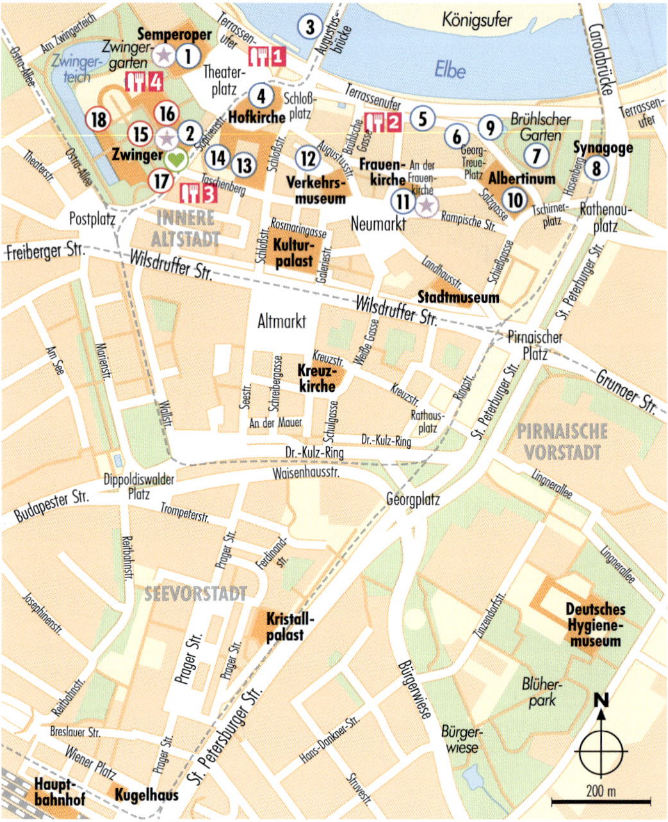

Map

Königsufer

Elbe

Carolabrücke

Am Zwingerteich

Zwinger-teich

Semperoper

Terrassen-ufer

Augustus-brücke

Theaterstr.

Ostra-Allee

Zwinger-garten

Theater-platz

Schloß-platz

Terrassenufer

Brühlscher Garten

Terrassen-ufer

Hofkirche

Georg-Treue-Platz

Synagoge

Zwinger

Albertinum

Tschirnet-platz

Rathenau-platz

Theaterstr.

Sophienstr.

Schloßstr.

Verkehrs-museum

Frauen-kirche

An der Frauen-kirche

Rampische Str.

Schießgasse

Hasenberg

Postplatz

INNERE ALTSTADT

Rosmaringasse

Neumarkt

Freiberger Str.

Wilsdruffer Str.

Kultur-palast

Schößerg.

Galeriestr.

Landhausstr.

St. Petersburger Str.

Stadtmuseum

Altmarkt

Wilsdruffer Str.

Weiße Gasse

Pirnaischer Platz

Am See

Marienstr.

Seestr.

Schreibergasse

Kreuz-kirche

Kreuzstr.

Kreuzstr.

Rathaus-platz

Ringstr.

Grunaer Str.

PIRNAISCHE VORSTADT

An der Mauer

Schulgasse

Dr.-Kulz-Ring

Dr.-Külz-Ring

Waisenhausstr.

Lingnerallee

Dippoldiswalder Platz

Trompeterstr.

Budapester Str.

Reitbahnstr.

Freiberg-str.

Georgplatz

Lingnerallee

Josephinenstr.

Prager Str.

Prager Str.

SEEVORSTADT

Kristall-palast

Zinzendorfstr.

Deutsches Hygiene-museum

Bürgerwiese

Blüher-park

Reichenbachstr.

Breslauer Str.

Wiener Platz

Prager Str.

St. Petersburger Str.

Hans-Dankner-Str.

Sidonienstr.

Bürger-wiese

N

Haupt-bahnhof

Kugelhaus

200 m

① Semperoper
② Altstädt. Hauptwache
③ Augustusbrücke
④ Hofkirche
⑤ Brühlsche Terrasse
⑥ Kunstakademie
⑦ Brühlscher Garten
⑧ Synagoge
⑨ Festung
⑩ Albertinum
⑪ Frauenkirche
⑫ Stallhof
⑬ Residenzschloss
⑭ Grünes Gewölbe
⑮ Zwinger
⑯ Gemäldegalerie Alte Meister
⑰ Porzellansammlung
⑱ Mathematisch-Physikal. Salon

🍴❶ Italienisches Dörfchen
🍴❷ Café Vis à Vis
🍴❸ Café Vestibül
🍴❹ Alte Meister

TAG 1
DAY 1

ENTDECKE DRESDEN

Auf dem Spaziergang durch das historische Zentrum Dresdens begegnest du einem in der Welt einmaligen Ensemble aus Bauten der Renaissance, des Barock und des 19. Jahrhunderts. Sie bestimmen die Schauseite des „Elbflorenz" und begründeten Dresdens Ruf als eine der schönsten Städte Europas.

THEATERPLATZ

Ausgangspunkt ist der Platz, der wegen seines Ausblicks auf die berühmten Bauwerke der Stadt in aller Welt gerühmt wird: Von dort aus kann man den Blick über Semperoper, Zwinger, Residenzschloss, Hofkirche, Italienisches Dörfchen und Altstädter Wache schweifen lassen. Seine Mitte beherrscht das Reiterstandbild König Johanns (1854-1873), der als Gelehrter den sächsischen Thron bestiegen und zuvor bereits eine Übersetzung von Dantes „Göttlicher Komödie" herausgegeben hatte.

① SEMPEROPER

Sie hat Brände, Luftangriffe und Hochwasser überlebt und ist aus den Ruinen immer wieder auferstanden: Die Oper, die Gottfried Semper 1871–1878 in Anlehnung an die italienische Hochrenaissance entworfen hat. Wegen ihrer imposanten Architektur und ihrer besonderen Akustik gilt sie als eines der schönsten Opernhäuser der Welt. Dieses historische Baudenkmal wurde nach der Kriegszerstörung unter Einbeziehung modernster Bühnentechnik fast originalgetreu wieder rekonstruiert und 1985 mit Carl Maria von Webers Oper „Der Freischütz" feierlich wiedereröffnet.

Blickfang der 84 Meter breiten halbrund geschwungenen Fassade ist das prachtvolle Eingangsportal mit der Pantherquadriga. Noch eindrucksvoller ist die Gestaltung des Innenbereichs: Vestibüle und Foyers mit prachtvollen Deckenmalereien und kunstvollen Holz- und Marmorimitationen leiten über zum aufwändig gestalteten Zuschauerraum.

INFOS

- ⊙ Theaterplatz 2
- ⊙ Führungen: Termine unter www.semperoper-erleben.de oder 0351/3207360

ITALIENISCHES DÖRFCHEN

Was macht ein katholischer Monarch, wenn er in einem überwiegend protestantischen Land eine Kirche bauen möchte? Friedrich August II. löste dieses Problem, indem er den italienischen Architekten Gaetano Chiaveri 1739 mit dem Bau der Hofkirche beauftragte und diesen eigene Handwerker mit nach Dresden bringen ließ. Als Baurat Hans Erlwein fast zwei Jahrhunderte später von 1911–1913 an der Stelle, wo einst die Wohnhäuser der italienischen Bauleute gestanden hatten, einen klassizistischen Sandsteinbau als Abschluss des Theaterplatzes zur Elbe hin errichtete, war der Name schnell geboren.

② ALTSTÄDTER WACHE

An der Südostecke des Theaterplatzes fällt inmitten der Renaissance- und Barockarchitektur ein streng klassizistischer Sandsteinbau in Form eines ionischen Tempels ins Auge: Es ist die ehemalige Polizeiwache, die nach den Entwürfen von Preußens Baumeister Karl Friedrich Schinkel 1830–1832 erbaut wurde und heute u. a. den Besucherdienst der Semperoper beherbergt.

⚠ **BAROCKE KULTURMETROPOLE**

Er war Kurfürst von Sachsen, König von Polen und Großherzog von Litauen und ließ dank seiner regen Bautätigkeit und Sammelwut Dresden zum Zentrum europäischer Politik, Kultur und Wirtschaft aufsteigen. Wegen seiner sagenumwobenen körperlichen Kraft wurde er August der Starke (1670–1733) genannt, noch legendärer aber war sein verschwenderischer Stil. Er ließ viele prachtvolle Bauten errichten, die Dresdens Stadtbild grundlegend wandelten. Sein eigentliches Ziel, deutscher König zu werden, hat er aber nie erreicht. Dennoch wurden große Sammlungen begründet, die erste europäische Porzellanmanufaktur entstand und eine Vielzahl von Künstlern und Wissenschaftlern zog es in die Stadt, was deren Ruhm als barocke Kulturmetropole festigte.

🏛 **1**

Mach mal
Pause

Sächsische Küche und italienische Spezialitäten gibt es im **Italienischen Dörfchen**, das nicht nur wegen der historischen Ausmalung einen Besuch lohnt .

📍 Theaterplatz 3
🕐 12-22 Uhr
🌐 www.italienisches-doerfchen.com

④ HOFKIRCHE
(KATHEDRALE ST. TRINITATIS)

Seine Gebeine ruhen im Dom zu Krakau, das Herz August des Starken aber ist in Dresden geblieben! Es ruht neben den anderen Herrschern des Hauses Wettin in der Gruft jener Kirche, die sein Sohn, Kurfürst Friedrich August II. 1733 beim italienischen Baumeister Gaetano Chiaveri als repräsentatives Gotteshaus des zum Katholizismus übergetretenen sächsischen Hofes in Auftrag gegeben hatte.

Mit seinem 90 Meter hohen Glockenturm ist das spätbarocke Gotteshaus eines der bestimmenden Merkmale des Stadtbildes und bildete zugleich das Gegenstück zur protestantischen Frauenkirche. Im Innern besticht die dreischiffige Basilika durch einen ungewöhnlichen Grundriss: Um die protestantischen Untertanen nicht durch katholische Prozessionen im Freien zu provozieren, wurde rund um das Mittelschiff ein Prozessionsumgang angelegt.

INFOS

⊙ Schloßstraße 24
⊙ Mo-Do, Sa 10-17 Uhr, Fr 13-17 Uhr, So 12-16 Uhr
⊕ bistum-dresden-meissen.de/wir-sind/kathedrale

③ AUGUSTUSBRÜCKE

Sie ist eines der vielen Dresdner Wahr-
zeichen und verbindet die historischen
Kerne der Altstadt und der Neustadt.
Schon seit dem späten 13. Jahrhundert
hatte hier eine Brücke gestanden, die
unter August dem Starken durch einen
imposanten Neubau ersetzt worden
war. Weil dieser aber den modernen
Anforderungen des Schiffsverkehrs
nicht mehr genügte, entwarf Wilhelm
Kreis 1907 den Stahlbetonbau mit
neun Bögen, über den man heute
noch spazieren kann.

⑤ BRÜHLSCHE TERRASSE

Vom Schlossplatz führt der Weg über die breite Freitreppe auf den „Balkon Europas", wie die Brühlsche Terrasse wegen ihres phänomenalen Blicks auf die Kathedrale und die Semperoper, auf das Neustädter Ufer und die weiten Auen der Elbe genannt wird. 1740 hatte Friedrich August II. seinem Staatsminister Heinrich Graf von Brühl diesen Teil der Stadtbefestigung geschenkt, der hier einen barocken Lustgarten mit zahlreichen Bauten anlegen und rauschende Feste feiern ließ. Heute ist davon nur noch der Name erhalten und die 500 Meter lange Anlage mit ihren Schatten spendenden Bäumen ist zu einer Promenade geworden.

🍴2

Mach mal
Pause

Genieße hausgemachten Kuchen und den wunderbaren Blick auf die Elbe von der Terrasse des Cafés **Vis à Vis** im Hilton Dresden Hotel.

📍 An der Frauenkirche 5
🕐 11-21 Uhr

⚠ ELBTAL

„Ich blickte von dem hohen Ufer herab über das herrliche Elbtal, es lag da wie ein Gemälde von Claude Lorrain unter meinen Füßen…", so beschrieb Heinrich von Kleist den Landschaftsstreifen, der wegen seines harmonischen Zusammenspiels von Natur und Architektur, von Stadt und Landschaft weltberühmt ist. Fast 20 Kilometer lang ist die Kulturlandschaft des Elbtals, die von Schloss Übigau im Westen bis zum Schloss Pillnitz im Osten reicht und neben dem historischen Stadtkern Park- und Grünanlagen, Elbhänge und Weinberge, Schlösser und alte Dörfer umfasst.

3-TAGE-IN
TIPP

Wer die Schlösser und Weinberge des Elbtales und die malerischen Felsen des Elbsandsteingebirges vom Wasser aus bewundern möchte, sollte sich Zeit für eine Dampferfahrt nehmen. Unterhalb der Brühlschen Terrasse hat die größte und älteste Raddampferflotte der Welt seit 1910 ihren Hauptanlegeplatz.

🌐 www.saechsische-dampfschifffahrt.de

⑥ KUNSTAKADEMIE

Blickfang der ehemaligen Königlichen Kunstakademie ist die gläserne Kuppel, die wegen ihrer gerippten Form im Volksmund nur Zitruspresse genannt wird. Sie wird bekrönt von der vergoldeten Statue der Fama, der Göttin des Ruhmes, und ist das Markenzeichen jenes Baus, mit dem der König Ende des 19. Jahrhunderts Dresdens Rolle als eine der führenden Kunst- und Kulturstädte Europas hervorheben wollte. Heute ist der mächtige Vierflügelbau, der mit allegorischen Statuen und Reliefs reich geschmückt ist, Sitz der Hochschule für Bildende Künste.

INFOS

🌐 www.kunstakademie-dresden-ev.de

⑦ BRÜHLSCHER GARTEN

Den östlichen Abschluss bildet die Jungfernbastion, auf deren Plateau Graf von Brühl einen Garten anlegen ließ. Der Legende nach soll eine Vertiefung im umgebenden Eisengeländer der Daumenabdruck von August dem Starken sein (der zwischen „einem Bilderkauf, zwei Staatsakten und drei Liebesspielen" hier seine Kraft zur Schau stellte) – nur war er zur Zeit der Errichtung bereits 14 Jahre tot. Dafür plätschert noch heute das Wasser im Delphinbrunnen, erinnern zwei Sphinxfiguren an das zerstörte Belvedere und ehrt ein modernes Denkmal den berühmten Maler der Romantik, Caspar David Friedrich, der bis zu seinem Tod in Dresden lebte.

Wirf noch einen Blick auf die **Synagoge** ⑧ aus gefärbtem Betonwerkstein, deren moderne Architektur wie ein in sich gedrehter Würfel gebaut ist. Ihr Vorgängerbau, den Gottfried Semper entworfen hatte, wurde in der Pogromnacht 1938 zerstört.

INFOS

⊙ Hasenberg 1

ⓘ WEISSES GOLD

Eine Stele, natürlich aus Meissener Porzellan, ehrt im Brühlschen Garten den Mann, der das Porzellan erfunden hat: Johann Friedrich Böttger. Weil der Apothekerlehrling angeblich silberne Münzen in goldene umwandeln konnte, ließ der Preußenkönig Friedrich I. ihn suchen. Das machte August den Starken hellhörig, der den geflohenen Alchimisten in Dresden festsetzte. Nach mehrjährigen Experimenten gelang Böttger zusammen mit Ehrenfried Walther von Tschirnhaus schließlich 1708 der Durchbruch. Das Ergebnis war kein Gold, sondern ein weißes hartes Porzellan, das den Grundstock für die 1710 eröffnete Meissener Porzellanmanufaktur – die erste in Europa – legte.

⑨ FESTUNG DRESDEN

Zwischen Kunstakademie und Albertinum führt eine geschwungene Treppenanlage vorbei am Bronzestandbild Gottfried Sempers zum Eingang der ehemaligen Festungsanlage, die sich unterhalb der Brühlschen Terrasse erstreckt. Die neue Dauerausstellung Festung Xperience lädt mit 360-Grad-Projektionen und stimmungsvoller Audiotechnik zu einer Zeitreise durch 450 Jahre wechselvoller Geschichte Dresdens ein.

INFOS

🕐 10-18 Uhr
🌐 www.dresden-xperience.de

⑩ ALBERTINUM

Der ungewöhnliche Name erklärt sich durch den Bauherrn, König Albert von Sachsen, der im späten 19. Jahrhundert das alte Zeughaus umbauen ließ. Besucher zieht es nicht wegen der Architektur zum Vierflügelbau im Stil der italienischen Hochrenaissance, sondern vor allem wegen seiner Sammlungen. Die Skulpturensammlung besitzt Werke aus mehr als fünf Jahrtausenden, darunter den berühmten Dresdner Knaben. Die Galerie Neue Meister zählt mit ihren rund 2.500 Bildern des 19. und 20. Jahrhunderts, darunter viele Werke der deutschen Romantik, des deutschen Impressionismus und des weltbekannten Gerhard Richters, zu den wichtigsten deutschen Museen der Moderne. Diese konnten nach den Zerstörungen durch das Jahrhunderthochwasser im Jahr 2002 dank der Versteigerungsaktion von Kunstwerken von mehr als 40 zeitgenössischen Künstlern neu inszeniert werden. Heute schlagen sie eine Brücke zwischen Vergangenheit und Zukunft.

INFOS

⊙ Tzschirnerplatz 2
⊘ Di-So 10-18 Uhr
⊕ albertinum.skd.museum

⊙ 13. FEBRUAR 1945

Als am Faschingdienstag um viertel vor zehn am Abend die Sirenen heulten und die Menschen sich in die Keller ihrer Häuser oder Wohnblocks begaben, konnte niemand das Ausmaß ahnen: In drei kurz aufeinander folgenden Angriffswellen legten britische und amerikanische Bomberverbände bis zum Mittag des kommenden Tages die Stadt in Schutt und Asche. Mehr als eine Million Brandbomben setzten einen Feuersturm in Gang, der ein 15 Quadratkilometer großes Trümmerfeld hinterließ, 35.000 Menschen das Leben kostete und eine der einst schönsten Städte der Welt zerstörte.

NEUMARKT

Bis zu seiner Zerstörung 1945 galt
der die Frauenkirche umgebende
Platz als städtebauliches Denkmal von
europäischem Rang, manifestierte sich
doch hier mit den herausragenden
Barockbürgerhäusern das Selbstver-
ständnis des Dresdner Bürgertums.

Seit der Wiedervereinigung sind
diese historischen Straßenfluchten in
acht Quartieren unter Einbeziehung
moderner Ansprüche wiederhergestellt
worden. Das letzte große Projekt wird
der Wiederaufbau des 1740 erbauten
Hotels Stadt Rom sein, in dem einst
Karl Marx übernachtet hat.

⑪ FRAUENKIRCHE

Als am 30. Oktober 2005 die Glocken zur Weihe der neuen Frauenkirche läuteten, war dies das Ergebnis eines in der Welt wohl beispiellosen Engagements. Zugleich war es ein Symbol der Versöhnung zwischen den Völkern: 45 Jahre, nachdem das barocke Meisterwerk im Bombenhagel des 13. Februars 1945 schwer beschädigt worden und später zusammengestürzt war, gründeten engagierte Bürger eine Initiative zum Wiederaufbau. Sie trugen diese Idee in die Welt hinaus. Und fanden in 23 Ländern 13.000 Unterstützer, die mehr als 100 Millionen Euro, fast zwei Drittel der Aufbaukosten zusammentrugen. Der Sohn eines ehemaligen Bomberpiloten in London, ein Kunstschmied, schuf das Turmkreuz.

Seitdem strömen Besucher aus aller Welt in den hohen Zentralraum. Seine Kuppel wiegt mehr als 12.000 Tonnen und gilt mit einer Höhe von 24 Metern und einem Durchmesser von 26 Metern als die größte steinerne Kuppel nördlich der Alpen. Unser Tipp: Steige unbedingt auf die Aussichtsplattform, um den herrlichen Ausblick über die Stadt zu genießen.

INFOS

⊙ An der Frauenkirche
⊙ Mo–Sa 10-12 Uhr, 13-18 Uhr
   Kirchenführung:
   Mo–Sa 12 Uhr, Mi + Fr 18 Uhr
   Kuppelaufstieg:
   Mo-Sa 10-18 Uhr, So 13-18 Uhr (März-Okt.),
   Mo-Fr 10-16 Uhr, So 13-16 Uhr (Nov.-Feb.)
⊕ www.frauenkirche-dresden.de

⑬ RESIDENZSCHLOSS

Vom Neumarkt führt der Weg zur prachtvollen Residenz der Wettiner, die in über sieben Jahrhunderten aus einer Burg entstand und nach der Kriegszerstörung als Zentrum der Staatlichen Kunstsammlungen Dresden wiederaufgebaut ist.

In der Augustusstraße triffst du an der Außenseite des Langen Gangs auf den berühmten *Fürstenzug*, dem größten Porzellanbild der Welt. Auf über 100 Meter Länge und 25.000 Fliesen aus Meissener Porzellan sind die wettinischen Herrscher von 1127–1904 samt ihres Gefolges dargestellt. Der Fürstenzug war von 1872 bis 1876 zunächst in Sgraffitotechnik ausgeführt und später wegen der schnellen Verwitterung auf Keramikfliesen übertragen worden.

Durch das Georgentor, dem ersten Renaissance-Bauwerk in Dresden, das wie der gesamte Schlosskomplex anlässlich der 800-Jahr-Feier des Fürstenhauses um 1900 im Stile der Neorenaissance erneuert wurde, gelangst du zum *Stallhof* ⑫, einem der ältesten erhaltenen Turnierplätze der Welt. Einst saßen die Zuschauer zwischen den toskanischen Säulen in der Bogenhalle des Langen Ganges mit der schönen Sgraffitofassade aus dem 16. Jahrhundert.

Achte vor dem *Hausmannsturm*, von dessen Aussichtsplattform du im Sommer den Schlosskomplex und die Altstadt überblicken kannst, auf die Brücke, über die die Herrscher vom Schloss direkt in die Hofkirche gelangen konnten.

INFOS

⊚ Taschenberg 12
⊙ Mi-Mo 10-18 Uhr
⊕ www.skd.museum/besuch/residenzschloss

3-TAGE-IN TIPP

300 Jahre nach der Errichtung der königlichen Paraderäume sind diese wiedereröffnet worden. August der Starke hatte dieses Raumkunstwerk anlässlich der Vermählung des Kurprinzen Friedrich August II. mit der österreichischen Kaisertochter Maria Josepha im September 1719 in Dresden mit kostbaren Möbeln, kostbaren Wandbehängen und exquisiten Gemälden einrichten lassen.

⑭ GRÜNES GEWÖLBE

Einzigartige Kunstwerke und Spitzen-
leistungen des Kunsthandwerks aus
der fürstlichen Schatzkammer gibt
es im Westflügel des Schlosses zu
besichtigen: So etwa den berühmten
Kirschkern, in den 185 Gesichter ge-
schnitzt sein sollen, oder den barocken
Tischaufsatz „Hofstaat zu Delhi" von
Johann Melchior Dinglinger mit 137
goldenen und farbig emaillierten
Figuren und rund 3.000 Edelsteinen.
Für ihn zahlte August der Starke über
58.000 Taler (zum Vergleich: der Roh-
bau von Schloss Moritzburg kostete
50.000 Taler).

„Grünes Gewölbe" wird die Schatzkammer genannt, weil sie einmal grün
angestrichen war, bevor August der
Starke sie für die Pretiosen zu einem
Schauraum umbauen ließ. Heute gibt
es gleich zwei Grüne Gewölbe: Im Erd-
geschoss zeigt das barocke Raumgefü-
ge des Historischen Grünen Gewölbes
mit einer überbordenden Fülle an
Kunstwerken vor reich verzierten und
verspiegelten Schauwänden und auf
Prunktischen, welche Pracht sich hier
einst entfaltete. Im Obergeschoss

können in dem modern ausgestalteten
Neuen Grünen Gewölbe die Meisterwerke aus Europas größter Schatzkammer hinter Glas besichtigt werden.

M3

Mach mal
Pause

Genieße Kaffee- oder Teespezialitä-
ten, exquisite Torten und Kuchen aus
der hauseigenen Patisserie vor der
prachtvollen Barocktreppe im **Café
Vestibül** des Taschenbergpalais.

- ⊙ Taschenberg 3
- ⊘ 12-17 Uhr
- ⊕ www.kempinski.com/de/dresden/hotel-
  taschenbergpalais/dining/cafe-vestibul

INFOS

- ⊙ Eingang Sophienstraße oder
  Kleiner Schlosshof
- ⊘ Mi-Mo 10-18 Uhr, Fr 18-20 Uhr
- ⊕ Zeittickets unter shop.skd.museum/
  residenzschlosstickets.html

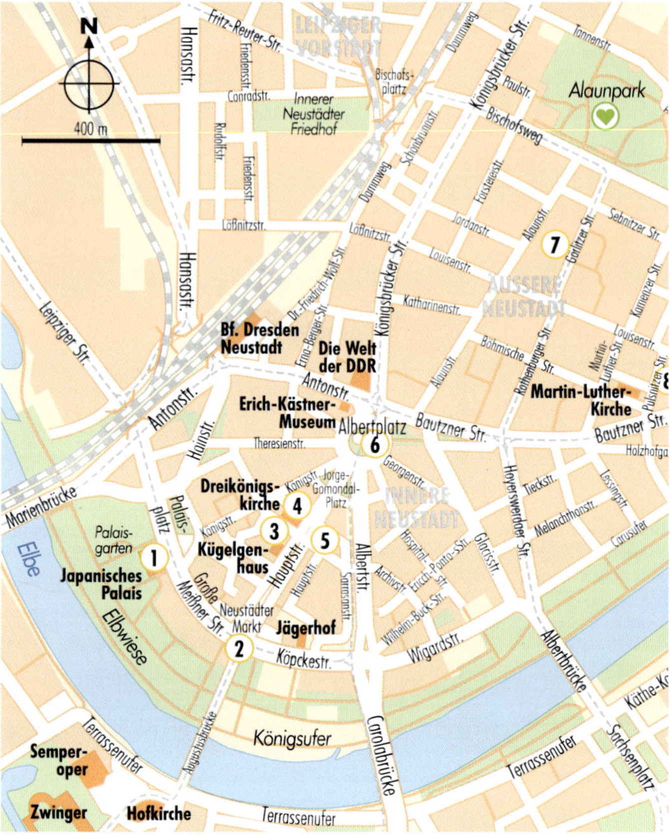

N

400 m

Fritz-Reuter-Str.

LEIPZIGER
VORSTADT

Hansastr.

Conradstr.

Innerer
Neustädter
Friedhof

Bischofs-
platz

Alaunpark

Königsbrücker Str.

Bischofsweg

Paulstr.

Tannenstr.

Dammweg

Löbtauer Str.

Rudolfstr.

Friedensstr.

Leipziger Str.

Hansastr.

Lößnitzstr.

Lößnitzstr.

Dammweg

Jordanstr.

Schönfeldstr.

Alaunstr.

Louisenstr.

Sebnitzer Str.

7

Görlitzer Str.

Dr.-Friedrich-Wolf-Str.

AUSSERE
NEUSTADT

Katharinenstr.

Böhmische Str.

Rothenburger Str.

Louisenstr.

Kamenzer Str.

Pulsnitzer Str.

Martin-Luther-Platz

8

**Bf. Dresden
Neustadt**

Antonstr.

**Die Welt
der DDR**

Antonstr.

**Martin-Luther-
Kirche**

**Erich-Kästner-
Museum**

Albertplatz

Bautzner Str.

Bautzner Str.

Theresienstr.

6

Holzhofga...

Hainstr.

**Dreikönigs-
kirche**

Königstr.

Jorge-
Gomondai-
Platz

INNERE
NEUSTADT

Georgenstr.

Hoyerswerdaer Str.

Tieckstr.

4

3

Königstr.

5

Hauptstr.

Albertstr.

Hainstr.

Archivstr.

Erich-Ponto-Str.

Görlitzstr.

Melanchthonstr.

Carolastr.

Palais-
platz

Große Meißner Str.

**Kügelgen-
haus**

Marienbrücke

Elbe

Palais-
garten

1

Neustädter
Markt

Hauptstr.

Sarrasanistr.

Wilhelm-Buck-Str.

Wigardstr.

Albertbrücke

Käthe-K...

**Japanisches
Palais**

Elbwiese

2

Köpckestr.

Jägerhof

Terrassenufer

Königsufer

Carolabrücke

Terrassenufer

Sorbenplatz

**Semper-
oper**

Terrassenufer

Zwinger

Hofkirche

Terrassenufer

1	Japanisches Palais	**4**	Dreikönigskirche	**7**	Kunsthofpassage
2	Neustädter Markt	**5**	Neustädter Markthalle	**8**	Jüdischer Friedhof
3	Kunsthandwerkerpass.	**6**	Albertplatz	**9**	Pfundsmolkerei

TAG 2
DAY 2

DIE NEUSTADT

Barock und Bunte Republik! In der Neustadt kannst du auf Entdeckungstour gehen und Kontraste erleben: Du bummelst über die Flaniermeilen der Inneren Neustadt, bewunderst barocke Bürgerhäuser, schicke Boutiquen und lauschige Hinterhöfe, bevor du durch das schillernde Szeneviertel Äußere Neustadt spazierst.

Neustadt heißt der rechtselbische Stadtteil, weil August der Starke das ehemalige Altendresden nach einem Brand 1732 als „Neue Königliche Stadt" wiederaufbauen ließ. Am **Neustädter Brückenkopf** der Augustusbrücke markiert die Neustädter Wache, die ehemalige Kontroll- und Zollstation, den Beginn des Viertels. Der Bau leitet über zum großen Marktplatz ② dessen Mitte vom vergoldeten Reiterstandbild August des Starken beherrscht wird. In Pose und Gewand eines römischen Kaisers dargestellt richtet er den Blick in Richtung seines polnischen Königreiches.

Von hier aus führt ein Boulevard **(Hauptstraße)** nach Norden, der schon immer eine der beliebtesten Flaniermeilen der Stadt war. Die alten Platanen in der Mitte, die Brunnen und Skulpturen sowie die vielen kleinen Geschäfte und Boutiquen laden zum

Bummeln und Verweilen ein.
Wie das Viertel einst ausgesehen
hat, zeigt die Gegend rund um die
Königstraße. Diese Prachtallee
verband einst Augusts Porzellanschloss
mit dem Albertplatz. Weil die heutige
Nobelmeile vom Bombenangriff
weitgehend verschont blieb, stellt
sie samt angrenzender Gassen und
Passagen das einzige noch erhaltene
barocke Wohn- und Geschäftsviertel
Dresdens dar.

Bunter wird's hinter dem Albertplatz ⑥. Rund um Alaun-, Görlitzer- und Louisenstraße, wo im Juni 1990 noch die Bunte Republik Neustadt ausgerufen worden war, ist längst kein rein alternatives Viertel mehr. Mit den vielen kleinen Läden, Szenekneipen, Bars und Clubs ist die **Äußere Neustadt** ein lebendiges Viertel, das auch wegen der von Zerstörungen weitgehend verschonten Gründerzeitarchitektur einen Bummel lohnt.

Ein Stückchen weiter hinter dem Bischofsplatz liegt das bei Studenten und jungen Familien beliebte **Hechtviertel** mit Gründerzeitarchitektur und klassischen 1920er-Jahre-Bauten und Reihenhäusern, Kneipen, Cafés und kleinen Lädchen. Das ehemalige Arbeiterviertel hinter der Äußeren Neustadt ist nach Johann August Hecht und seiner Schankwirtschaft benannt.

⚠ BUNTE REPUBLIK NEUSTADT

Als mit der Wende eine Republik von deutschem Boden verschwand, wurde in der Neustadt eine neue ausgerufen: Punks, Hausbesetzer und andere Alternative gründeten als Versuch eines alternativen Lebensentwurfes einen Stadtteilstaat – mit eigenem Geld, König, Ministern und eigener Flagge. Seit der Auflösung der provisorischen Regierung 1993 wird jedes Jahr am dritten Juniwochenende das Stadtteilfest der Bunten Republik gefeiert. Seinen politischen Charakter aber hat es weitestgehend verloren und ist heute eher ein Kunst-, Kultur- und Volksfest.

INFOS

🌐 www.brn-dresden.de

Den „schönsten Milchladen der Welt" findest du in der Bautzner Straße. Wegen der Ausstattung mit farbigen Jugendstilfliesen von Villeroy & Boch zieht die *Pfundsmolkerei* ⑨, die Milch, Käse, Schokolade und Seife verkauft, unzählige Touristen an.

⊙ Bautzner Straße 79
⊙ Mo-Sa 10-18 Uhr
⊕ www.pfunds.de

Ein Abstecher in die Pulsnitzer Straße führt zum ersten *Jüdischen Friedhof Dresdens* ⑧ (Führung durch das Zentrum für Jüdische Kultur HATIKVA, Tel. 0351/8020489).

Verpasse nicht die *Kunsthofpassage* ⑦ zwischen Alaun- und Görlitzer Straße. Sie besteht aus fünf von Dresdner Künstlern thematisch gestalteten Hinterhöfen, in denen Läden und Kneipen zum Schauen und Verweilen einladen.

3-TAGE-IN
TIPP

Nimm dir etwas Zeit für die wiederaufgebaute barocke *Dreikönigskirche* ④, die heute als „Haus der Kirche" für Begegnungen und Veranstaltungen genutzt wird. Von der Aussichtsplattform des Turmes hast du einen schönen Ausblick auf die Neustadt und die historische Altstadt.

⊕ www.hdk-dkk.de/dreikoenigskirche

Wirf einen Blick auf die historischen Bürgerhäuser an der Westseite der Hauptstraße: Hier sind Durchgänge und Hinterhöfe geöffnet und zur *Kunsthandwerker-Passage* ③ verbunden.

Für seine kostbare Sammlung chinesischer, japanischer und Meissener Porzellane ließ August der Starke eine spätbarock-klassizistische Vierflügelanlage bauen. Heute ist das *Japanische Palais* ① ein MUSEUM USUI PUBLICO PATENS, ein Museum zu öffentlichem Nutzen, und dient derzeit für Sonderausstellungen.

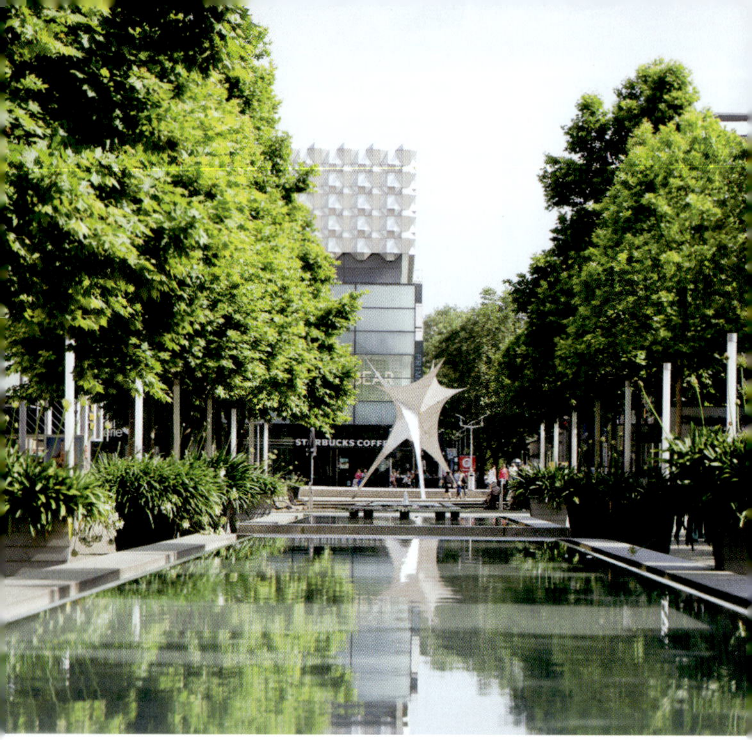

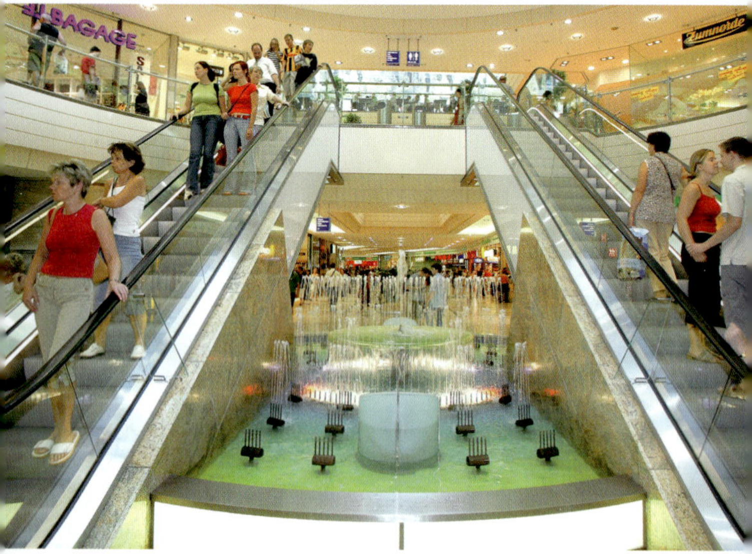
Zumnorde

BUMMELN UND SHOPPEN

Der Altmarkt ist ein idealer Ausgangspunkt für den Shoppingbummel, der über die Prager Straße bis zum Hauptbahnhof führt. Wer mag, kann abseits der Flaniermeilen die älteste Kirche der Stadt, das Rathaus, DDR-Bauten und Architektur des 21. Jahrhunderts bestaunen.

Beginne deinen Shoppingbummel am alten Markt, der schon immer der Mittelpunkt der Stadt war. Seine ursprüngliche Bebauung mit prachtvollen barocken und neobarocken Häusern wurde 1945 zu einem großen Trümmerhaufen. Eine besondere Attraktion inmitten der Nachkriegsbauten ist das moderne Einkaufszentrum *AltmarktGalerie*.

Wirf an der Nordseite des Platzes einen Blick auf den flachen Stahlbetonskelettbau aus den 1960er Jahren mit Kupferdach. Der aufwändig modernisierte *Kulturpalast* mit neuem Konzertsaal ist die Heimat der Dresdner Philharmonie und seit kurzem auch vom Kabarett „Die Herkuleskeule".

INFOS

⊙ Schloßstraße 2
⊙ Mo-Fr 10-19 Uhr
⊕ www.kulturpalast-dresden.de

Zu einem Moment der Stille lädt die *Kreuzkirche*, das älteste und größte Gotteshaus der Stadt ein. Die Barockkirche ist für den Klang ihrer Jehmlich-Orgel mit 6.111 Pfeifen berühmt und Wirkungsstätte des weltbekannten Dresdner Kreuzchores, in dem nur Knaben singen.

INFOS

⊙ An der Kreuzkirche 6
⊙ Ca. 10-17 Uhr
⊕ www.kreuzkirche-dresden.de

Die *Prager Straße* war vor 1945 Dresdens prachtvolle Flaniermeile, die Hauptbahnhof und Altstadt miteinander verband. In den 1960er Jahren wurde sie als DDR-Vorzeigequartier wiederaufgebaut und gilt heute mit ihrer Mischung aus Ostmoderne und zeitgenössischer Architektur als herausragendes städtebauliches Ensemble. Eindrucksvoll an Dresdens Einkaufsmeile ist das *Kugelhaus* am Wiener Platz, das mit seiner gläsernen Kugel an das 1928 in Dresden errichtete erste Kugelhaus der Welt erinnert.

Nicht verpassen solltest du zwei architektonische Gegensätze: Das *Rundkino* aus den 1970er Jahren, ein Filmtheater mit fünf Kinosälen, und inmitten der Plattenbauten das avantgardistische *UFA-Multiplexkino Kristallpalast* in Form eines verzogenen, spitzwinkligen, zerfließenden Glaskristalls.

Dresdener Heide

① Schloss Albrechtsberg
② Lingnerschloss
③ Schloss Eckberg
④ Weißer Hirsch
⑤ Standseilbahn
⑥ Luisenhof
⑦ Blaues Wunder
⑧ Schloss u. Park Pillnitz
⑨ Weinbergkirche
⑩ Fährhaus Kleinzschachwitz
🏛1 Villa Marie

TAG 3
DAY 3

RADTOUR NACH SCHLOSS PILLNITZ

Von seiner grünen Seite zeigt sich Dresden, wenn du die Elbe entlang radelst. Ob Schlösser, Nobelvillen am Elbhang, technische Meisterwerke, Weinberge oder die Sommerresidenz des Dresdner Hofes, es gibt viel zu sehen. Und spielt das Wetter nicht mit, ist auch die halbstündige Busfahrt durch das Elbtal nach Pillnitz ein Erlebnis für sich.

Startpunkt ist an der Frauenkirche. Der Elberadweg verläuft auf beiden Elbseiten, so dass du auf der Hin- und Rückfahrt unterschiedliche Strecken wählen kannst. Die gesamte Fahrtstrecke beträgt rund 30 Kilometer.

3-TAGE-IN TIPP

Das Wetter spielt nicht mit? Keine Lust aufs Radfahren? Mit Tram und Bus kannst du diese Tour auch machen: Nach Loschwitz und zum Schloss Pillnitz geht's mit der Tram 4 bis Bergmannstraße, dann weiter mit dem Bus 63 bis Körnerplatz (Loschwitz) und Pillnitzer Platz. Mit der Tram 11 erreichst du die Elbschlösser.

ELBSCHLÖSSER

Am Elbhang eingebettet in einen großen Park liegen die drei Elbschlösser. Schloss *Albrechtsberg* ① hat sich Prinz Albrecht von Preußen (1809-1872) im Stil einer Renaissancevilla erbauen lassen. Heute wird es als Veranstaltungsort genutzt.

🌐 www.schloss-albrechtsberg.de

Das mittlere ist das *Lingnerschloss* ②. 1850/53 für die preußische Adelsfamilie von Stockhausen erbaut, gehörte es einst Karl August Lingner, dem Erfinder des Mundwassers Odol und beherbergt heute ein Restaurant. Von den *Lingnerterrassen* aus kannst du den Blick über die Elbwiesen bis nach Dresden hin schweifen lassen.

🌐 www.lingnerterrassen.de

Schloss Eckberg ③ (1859), das dritte im Bunde, ist heute ein Luxushotel.

🌐 www.schloss-eckberg.de

LOSCHWITZ

Wem du Zeit hast, mache am Körnerplatz im alten Fischer- und Weindorf Loschwitz Halt und spaziere durch den Dorfkern mit seinen liebevoll restaurierten Fischer-, Handwerker- und Weinbauernhäusern. Seit dem 18. Jahrhundert zogen die Loschwitzer Weinberge wohlhabende Adlige und Künstler an, die dort ihre Weingüter und Sommerhäuser errichteten.

④ Weißer Hirsch: Wenn du drei Minuten mit der 1895 eingeweihten *Standseilbahn* ⑤ hangaufwärts zum Weißen Hirsch, dem früheren Kur- und heutigen Villenort, fährst, kannst du durch die schmalen Straßen spazieren und die Prachtvillen bewundern. Zum Abschluss darf ein Besuch des „Balkon Dresdens" nicht fehlen, wie das *Restaurant Luisenhof* ⑥ wegen der phänomenalen Aussicht auf das Elbtal auch genannt wird.

🌐 www.luisenhof-in-dresden.de

⑦ Blaues Wunder: Eine technische Spitzenleistung war bei ihrer Einweihung 1893 die stählerne Hängebrücke mit 140 Metern Spannweite. Sie führt von Loschwitz nach nach Blasewitz und wird wegen ihres hellblauen Anstrichs Blaues Wunder genannt.

⑨ Weinbergkirche: Mach einen Abstecher zur barocken Dorfkirche „Zum Heiligen Geist"! Sie liegt malerisch inmitten der Pillnitzer Weinberge und ist als Erstlingswerk vom Zwingerarchitekten Matthäus Daniel Pöppelmann und Ersatz für die Pillnitzer Schlosskirche auch ein Augenschmaus.

🌐 www.weinbergkirche.de

Von Pillnitz aus kannst du mit der Fähre nach Kleinzschachwitz ⑩ übersetzen und auf der anderen Seite der Elbe zurückradeln.

🏳️ 1

Mach mal
Pause

Ob im idyllischen Biergarten direkt an der Elbe unterhalb des Blauen Wunders oder im toskanisch anmutenden Innern, in der **Villa Marie** erlebst du die italienische Seite von Dresden.

📍 Fährgässchen 1
🕐 12-22 Uhr
🌐 www.villa-marie.de

⑧ SCHLOSS PILLNITZ

Seiner Mätresse Gräfin von Cosel hatte August der Starke einst das Schloss an der Elbe geschenkt. Nachdem er ihrer überdrüssig geworden war und sie verbannte, ließ er es ab 1720 von seinem Architekten Matthäus Daniel Pöppelmann zur Sommerresidenz umgestalten. Mit den doppelt geschwungenen Dächern, den farbenprächtigen Chinoiserie-Malereien und dem asiatisch anmutenden Schmuck sind Wasser- und Bergpalais eindrucksvolle Zeugnisse der barocken Vorliebe für Chinoiserien. Rund 100 Jahre später wurde nach einem Brand das dreiflügelige klassizistische **Neue Palais** errichtet, das sich mit seinen barocken Anklängen harmonisch in das Ensemble einfügt. Es beherbergt heute eine Dauerausstellung, die anschaulich die Baugeschichte des Schlosses präsentiert. Zu einem Spaziergang lädt der 28 Hektar große **Schlosspark** ein, der im Laufe mehrerer Generationen entstanden ist und die unterschiedlichen Stile der Landschaftsarchitektur zur Schau stellt.

INFOS

- ⊙ August-Böckstiegel-Straße 2
  Pillnitzer Platz
- ⊘ Park: 6 Uhr - Einbruch der Dunkelheit
  Schloss: 10-17 Uhr (Apr.-Okt.)
- ⊕ www.schlosspillnitz.de

DER ZWINGER

(15) *Dieses barocke Meisterwerk gewährt Einblicke in kurfürstliche Geschmäcker, begeistert mit Wasserspielen und Glockenspiel, lässt dich wie einst die höfische Festgesellschaft über Balustraden lustwandeln und lockt im Innern mit Kunstwerken von Weltruhm.*

Weil August der Starke für seine höfischen Festveranstaltungen ein entsprechendes Ambiente wünschte, beauftragte er seinen Architekten Matthäus Daniel Pöppelmann und seinen Hofbildhauer Balthasar Permoser ein glanzvolles Ensemble zu entwerfen. Ab 1709 entstand eine Anlage aus Pavillons und Galerien, die sich spiegelbildlich um einen Hof gruppiert und zu einem barocken Gesamtkunstwerk aus Architektur, Plastik und Malerei verschmilzt. Heute zählt sie zu den bedeutendsten Schöpfungen des europäischen Barock.

Nach ihrer ursprünglichen Lage vor der Ringmauer der Stadt heißt die Anlage Zwinger, obwohl sie bereits im 18. Jahrhundert nicht mehr als Befestigungsanlage diente, sondern als Garten und Orangerie eine Stätte für die rauschenden Feste am Hofe Augusts war.
Den Hauptzugang bildete das **Kronentor**. Von hier aus betritt man den großen Innenhof mit seinen Brunnenanlagen und blickt auf die von Balustraden, Figuren und Vasen

gesäumten Galerien. Wandele über die **Langgalerie**, die das Tor mit den beiden Eckpavillons verbindet, und genieße die Aussicht über die zauberhafte Anlage. Im Scheitelpunkt der westlichen Bogengalerie erhebt sich der **Wallpavillon**, der als baulicher Höhepunkt des Zwingers gilt. Ihn bekrönt eine Statue des Herkules mit der Weltkugel, der als Anspielung auf August den Starken gilt. Eine geschwungene Freitreppe führt nach oben auf den Wall und zu dem weiter westlich gelegenen **Nymphenbad**, das mit seinen Brunnen, Wasser-

3-TAGE-IN
TIPP

Geh auf eine multimediale Zeitreise in die glanzvolle Ära August des Starken in der Zwinger Xperience und entdecke die Verlockungen des barocken Lebens!

🕐 10-18 Uhr
🌐 www.zwinger-xperience.de

kaskaden und Nymphenstatuen zu den schönsten barocken Brunnenanlagen zählt. Spiegelbildlich gegenüber vom Wallpavillon liegt der *Glockenspielpavillon*, benannt nach dem berühmten Glockenspiel.

Wenngleich die Anlage heute einheitlich geplant erscheint, entstand der nördliche Teil erst über 100 Jahre später. 1847–1854 erbaute Gottfried Semper zur Elbseite hin die nach ihm benannte *Sempergalerie* im Stil der italienischen Hochrenaissance, die heute die Gemäldegalerie beherbergt.

Diese ganze Pracht lag nach dem Bombenangriff vom 13. Februar 1945 in Trümmern. Dank des Einsatzwillens der Dresdner begann der Wiederaufbau dieses Meisterwerks der Barockarchitektur noch im selben Jahr und wurde 1963 abgeschlossen.

INFOS

📍 Theaterplatz
🕐 6-22 Uhr (Apr.-Okt.), 6-20 Uhr (Nov.-Mär.)
🌐 www.der-dresdner-zwinger.de

⑯ GEMÄLDEGALERIE ALTE MEISTER

Millionenfach kopiert wurden die beiden Engel am unteren Bildrand und dürften noch bekannter sein als die „Sixtinische Madonna" selbst, die Raffael 1512/13 für den Hochaltar der Klosterkirche San Sisto in Piacenza malte. Es ist eines der berühmtesten Gemälde der italienischen Renaissance und gehört zu den Höhepunkten der Gemäldegalerie. August der Starke und sein Sohn August III. hatten in rund 50 Jahren fast all die Werke zusammengetragen, die den Ruhm der Galerie ausmachen und für die Gottfried Semper 1854 einen würdigen Rahmen schuf. Die Liste der hochkarätigen Meisterwerke ist lang, du darfst dich also auf eine spannende Reise durch die Kunstgeschichte freuen!

INFOS

🕗 Di-So 10-18 Uhr
🌐 gemaeldegalerie.skd.museum

⑰ PORZELLANSAMMLUNG

Mit rund 20.000 Einzelstücken an chinesischen, japanischen und Meissener Porzellanen zählt die Dresdner Sammlung zu den größten Keramikmuseen der Welt. Ihre Entstehung verdankt sie August dem Starken, der seine Leidenschaft für das kostbare und zerbrechliche Material selbst als „maladie des porcellaines" (Porzellankrankheit) bezeichnet hatte. Zu den bekanntesten Kostbarkeiten dürften die so genannten Dragonervasen gehören, ein Meter hohe Deckelvasen mit blauer Unterglasurmalerei, die August der Starke beim Preußenkönig Friedrich Wilhelm I. nicht mit Geld, sondern mit Menschen, nämlich mit 600 sächsischen Dragonern bezahlte.

INFOS

🕗 Di-So 10-18 Uhr
🌐 porzellansammlung.skd.museum

♿4

Mach mal *Pause*

Nach so viel Kunst hast du dir im **Museumscafé Alte Meister** ein bißchen Erholung bei Kaffee und Kuchen verdient.

📍 Theaterplatz 1a
🕗 Di-Do ab 17 Uhr, Fr-So ab 12 Uhr
🌐 altemeister.net

⑱ MATHEMATISCH-PHYSIKALISCHER SALON

Mit welchen Werkzeugen und Instrumenten Gelehrte damals gemessen haben, zeigt die weltberühmte Sammlung, die aus der 1560 gegründeten Kurfürstlichen Kunst-und Raritätenkammer hervorgegangen ist. Ob der arabische Himmelsglobus aus dem 13. Jahrhundert, die Rechenmaschine von Blaise Pascal aus der Zeit um 1650, die Planetenlaufuhr, die Eberhard Baldewein um 1560 im Auftrag des Kurfürst August konstruierte, oder die russische Holztaschenuhr aus der Mitte des 19. Jahrhundert, hier gibt es vieles zu bestaunen!

INFOS

🕐 Di–So 10–18 Uhr
🌐 mathematisch-physikalischer-salon. skd.museum

SERVICE

ÜBERNACHTEN

ARCOTEL HafenCity Dresden****

- Leipziger Straße 29 (Neustadt)
- Dresden Alter Schlachthof
- Tel. 0351/4481110
- hafencity.arcotel.com/de/

Direkt am Elberadweg gleich am Yachthafen gelegen lädt das hippe Hotel in der Neustadt ein, von hier aus die Stadt zu entdecken.

Backstage* Hotel & MusicBar

- Prießnitzstraße 12 (Neustadt)
- Diakonissenweg
- Tel. 0351/8887777
- www.backstage-hotel.de

Einen besonderen Charme hat das Hotel in den restaurierten, alten Fabrikhallen der Pfundsmolkerei mit individuell von Künstlern gestalteten Zimmern.

Bilderberg Bellevue Hotel Dresden*****

- Große Meißner Straße 15 (Neustadt)
- Neustädter Markt
- Tel. 0351/8050
- www.bilderberg-bellevue-dresden.de

Luxushotel inmitten malerischer Gärten am Elbufer, von dem aus du den berühmten „Canaletto-Blick" auf Dresdens Silhouette genießen kannst.

Hotel Kipping***

- Winckelmannstraße 6 (Innenstadt)
- Hauptbahnhof, Bayrische Straße
- Tel. 0351/478 500
- www.hotel-kipping.de

Privat geführtes Hotel in einer schön restaurierten Neorenaissancevilla im Zentrum der Stadt.

Hostel Mondpalast Dresden

- Louisenstraße 77 (Neustadt)
- Görlitzer Straße
- Tel. 0351/5634050
- www.mondpalast.de

Hostel in der quirligen Äußeren Neustadt, in dem alle Zimmer nach den verschiedenen Sternzeichen gestaltet wurden.

Hotel Indigo Dresden****

- Wettiner Platz 1 (Wilsdruffer Vorstadt)
- Dresden Bahnhof Mitte
- Tel. 0351/3155290
- www.ihg.com

Schickes Boutique-Hotel gegenüber dem Kulturzentrum Kraftwerk Mitte.

Hotel Martha Dresden ***

- ⊙ Nieritzstraße 11 (Neustadt)
- ◉ Bahnhof Dresden- Neustadt
- ✆ Tel. 0351/81760
- ⊕ www.hotel-martha.de

Ruhig und doch zentral gelegenes
Haus mit 100-jähriger christlicher
Tradition in der einzigen erhaltenen
Biedermeierstraße der Stadt.

Hotel Taschenbergpalais Kempinski
*****

- ⊙ Taschenberg 3 (Altstadt)
- ◉ Postplatz
- ✆ Tel. 0351/49120
- ⊕ www.kempinski-dresden.de

Modernes Grand Hotel in den wieder-
errichteten historischen Gemäuern
eines 300-jährigen Palais im Herzen
der historischen Altstadt.

Schloss Hotel Dresden-Pillnitz****

- ⊙ August-Böckstiegel-Straße 10 (Pillnitz)
- ◉ Schloss Pillnitz T
- ✆ Tel. 0351/26140
- ⊕ www.schlosshotel-pillnitz.de

Privat geführtes Hotel in der Schlossan-
lage Pillnitz direkt an der Elbe, umge-
ben von Weinbergen und Obstgärten.

CAFÉS

Cafe Eckstein

⊙ Alaunstraße 47 (Äußere Neustadt)

◉ Louisenstraße

⊙ So-Do 9-24 Uhr, Fr-Sa 9-1 Uhr

⊕ www.cafe-eckstein-dresden.de

Hier kannst du bei Espresso und Mehr dem Treiben im Viertel zuschauen.

Charlottes Enkel

⊙ Loschwitzer Straße 58 (Blasewitz)

◉ Schillerplatz

⊙ Mo-Fr 8-18 Uhr, Sa 9-16 Uhr

⊕ www.charlottesenkel.com

Espressobar beim Blauen Wunder, in der du selbst gebackene Mini Cupcakes, Carrot Muffins, Fruchttörtchen und Cheese Cake in verschiedenen Geschmacksvariationen genießen kannst.

Dresdner Kaffeestübchen

⊙ Salzgasse 8 (Altstadt)

◉ Dresden Synagoge

⊙ 8.59-13.59 Uhr

Die angeblich beste Eierschecke und andere sächsische Spezialitäten gibt es in diesem kleinen Café mit viel DDR-Dekoration.

Fräulein Lecker

⊙ Bischofsweg 28 (Neustadt)

◉ Bischofsweg

⊙ Mi-Fr 10-16 Uhr, Sa-So 9.30-17 Uhr

⊕ fraeulein-lecker-dresden.de

Kleines Café direkt am Alaunpark, wo du dich zwischen all den liebevoll hergestellten Kuchen, Torten, Muffins, Cupcakes und Törtchen kaum entscheiden kannst.

Kuchen Atelier

- ⊚ Ringstraße 1 (im Gewandhaus/Altstadt)
- ⊙ Pirnaischer Platz
- ⊘ 13-18 Uhr
- ⊕ kuchenatelier.com

In dem luxuriösen Retro Café im Hotel Gewandhaus erfährst du, dass Kuchen auch etwas mit Kunst zu tun haben kann. Die allerfeinsten Patisserien sind dort richtig kleine Meisterwerke!

Oswaldz

- ⊚ Bautznerstraße 9 (Neustadt)
- ⊙ Albertplatz
- ⊘ 8-19 Uhr
- ⊕ www.oswaldz.de

Kuchen, Kaffee und Kunst lautet das Motto in diesem Café, das neben köstlichen und teils exotischen Kaffeespezialitäten leckeren New York Cheesecake, Karottenkuchen, Sandwiches und belegte Brote anbietet.

Schokoladenbar

- ⊚ Alaunstraße 68 (Neustadt)
- ⊙ Louisenstraße
- ⊘ Mo-Fr ab 14 Uhr, Sa-So ab 13 Uhr
- ⊕ schokoladenbar-dresden.de

Direkt neben dem Kunsthof kannst du Spezialitäten jeglicher Art aus Schokolade genießen, bevor es in den Abendstunden zum Cocktail übergeht.

T1 Bistro & Café

- ⊚ Kraftwerk Mitte 4 (Wilsdruffer Vorstadt)
- ⊙ Dresden Bahnhof Mitte
- ⊘ Mo-Fr 9-24 Uhr, Sa 11-24 Uhr, So 11-23 Uhr
- ⊕ www.kraftwerk-mitte-dresden.de/mieter/t1-bistro-cafe-2/

Kleines Café im alten Pförtnerhäuschen im Stil der 1930er Jahre, wo du bei Cappuccino und einem Stück Kuchen die Seele baumeln lassen kannst.

Tanteleuk

- ⊚ Louisenstraße 24 (Neustadt)
- ⊙ Louisenstraße
- ⊘ 11-18 Uhr
- ⊕ tanteleuk.de

Wenn man sich in Omas Küche zurück versetzt fühlt, der Kuchen vor den Augen frisch gebacken wird und alles nach Kaffee und Kuchen duftet, dann ist das „leuk". Das ist niederländisch, wird „löök" ausgesprochen und bedeutet „schön, fein".

RESTAURANTS

Alte Meister

- ⊙ Theaterplatz 1a (Altstadt)
- ◉ Postplatz
- ◷ Tel. 0351/4810426
- ⊙ Di-Do 17-22 Uhr, Fr-So 12-22 Uhr
- ⊕ altemeister.net

Am Wochenende Museumscafé, abends eine empfehlenswerte Adresse für alle, die gerne vor dem Opernbesuch eine ideenreiche Küche genießen wollen.

Barceloneta

- ⊙ Alaunstraße 27 (Neustadt)
- ◉ Luisenstraße
- ◷ Tel. 0351/20637981
- ⊙ Mo-Do 16-22 Uhr, Fr-Sa 16-24 Uhr
- ⊕ www.barceloneta-dresden.de

Ein Hauch von Spanien! Ob Albóndigas oder Boquerones, wenn du Lust auf köstliche Tapas und die dazu passenden spanischen Weine hast, solltest du unbedingt eine Tisch in der gemütlichen Wein- und Tapas-Bar reservieren!

Restaurant Genuss-Atelier

- ⊙ Bautzner Straße 149 (Neustadt)
- ◉ Waldschlößchen
- ◷ Tel. 0351/25028337
- ⊙ Di-Sa 17-23 Uhr, Sa 12-15.30 Uhr
- ⊕ www.genuss-atelier.net

In einer schmucken alten Villa zwischen Natursteinwänden und Ziegelgewölbe lädt die sternengekrönte Küche zum Schmecken und Entdecken ein.

Hierschönessen

- ⊙ Görlitzer Straße 20 (Neustadt)
- ◉ Alaunplatz, Rothenburger Straße
- ◷ Tel. 0351/25652898
- ⊙ Di-Sa ab 18 Uhr
- ⊕ www.hierschoenessen.de

Nettes Lokal an der Kunsthofpassage mit Sommergarten und Weinkeller, das nach der Devise „Guter Geschmack ist käuflich" lecker kocht.

Moritz

- ⊙ An der Frauenkirche 13 (Altstadt)
- ◉ Pirnaischer Platz
- ◷ Tel. 0351/417270
- ⊙ 17-22 Uhr
- ⊕ www.moritz-dresden.de

Im 5. Stock kannst du drinnen oder auf der schön bepflanzten Dachterrasse hervorragend speisen. Den Blick auf die Kuppel der Frauenkirche gibt´s gratis.

Restaurant Daniel

- ⊙ Gluckstraße 3 (Striesen)
- ◉ Fetscherplatz
- ◷ Tel. 0351/81197575
- ⊙ Di-Sa 17-22 Uhr
- ⊕ www.restaurant-daniel.de

Etwas versteckt in der Nähe der Universitätsklinik findet man leckere saisonale Küche mit Zutaten aus der Region.

Alte Meister

Schmidt's Restaurant

- ⦿ Moritzburger Weg 67 (Hellerau)
- ⦿ Hellerrau, Moritzburger Weg
- ◷ Tel. 0351/8044883
- ⦿ Di-Sa 17-22 Uhr
- ⊕ www.schmidts-dresden.de

Wer nicht alltägliche Köstlichkeiten mag, findet auf dem Gelände des GebäudeEnsembles Deutsche Werkstätten Hellerau ein Restaurant mit sterneverdächtiger Küche und wunderschönem Innenhof.

Villandry

- ⦿ Jordanstraße 8 (Neustadt)
- ⦿ Louisenstrasse, Bischofsweg
- ◷ Tel. 0351/30972877
- ⦿ Di-Sa 18-24 Uhr
- ⊕ villandry-dresden.de

Kreative Küche mit mediterranen Einflüssen und raffinierten Köstlichkeiten gibt es in diesem viel gelobten Lokal mit schönem Hinterhof.

Weinzentrale - Dresden

- ⦿ Hoyerswerdaer Straße 2 (Neustadt)
- ⦿ Rosa-Luxemburg-Platz
- ◷ Tel. 0351/89966747
- ⦿ Mo 17-23 Uhr, Di-Fr 18-23 Uhr
- ⊕ www.weinzentrale.com

Weinbar, Bistro und Weinhandel des ehemaligen Sommelier des Jahres Jens Pietzonka, wo du über 400 verschiedene Weine probieren und mediterrane Köstlichkeiten essen kannst.

AUSGEHEN

Blauer Salon
(im Parkhotel Dresden)
- ⦿ Bautzner Landstraße 7 (Neustadt)
- ⦿ Plattleite
- 🌐 Programm unter www.blauersalon.com

Wo in den 1920er Jahren rauschende Feste und Bälle gefeiert wurden, ist heute einer der Worlds Finest Clubs und eine der angesagtesten Party-adressen der Stadt.

Blue Note Club & Bar
- ⦿ Görlitzer Straße 2b (Äußere Neustadt)
- ⦿ Görlitzer Straße
- ⦾ ab 19 Uhr
- 🌐 www.jazzdepartment.com

Kleiner Jazzclub und Bar, in der es super Livemusik gibt.

Felix Bar
- ⦿ Kleine Brüdergasse 1-5 (Altstadt)
- ⦿ Postplatz
- ⦾ Mo-Do 12-23 Uhr, Fr-Sa 12-24 Uhr, So 12-23 Uhr
- 🌐 dein-felix.de

Auf einer der wohl schönsten Dachterrassen Dresdens, der im 6. Obergeschoss des „Lebendigen Hauses", kannst du mit Blick auf den Zwinger deinen Sundowner genießen und passend zu jeder Jahreszeit was Leckeres essen.

Katys Garage
- ⦿ Alaunstraße 48 (Äußere Neustadt)
- ⦿ Louisenstraße
- ⦾ ab 14 Uhr
- 🌐 www.katysgarage.de

Ob Älternabend für Leute ab 30 mit Songs von Abba bis Zappa oder Neu-stadtdisco am Samstag, der Szeneclub mit Trabant auf dem Dach bietet ein vielseitiges Programm und zieht Jung und Alt gleichermaßen an.

Schillergarten Dresden
- ⦿ Schillerplatz 9 (Blasewitz)
- ⦿ Schillerplatz
- 📞 Tel. 0351/811990
- ⦾ ab 11 Uhr
- 🌐 www.schillergarten.de

Der Ausflug ans Blaue Wunder lohnt immer, egal ob du im Wintergarten oder im Biergarten an der Elbe sächsi-sche Kartoffelsuppe, Wiener Schnitzel oder nur ein Feldschlösschen-Pils genießen möchtest.

Torwirtschaft
- ⦿ Lennèstraße 11 (Pirnaische Vorstadt)
- ⦿ Straßburger Platz
- 📞 Tel. 0351/4595200
- ⦾ ab 11 Uhr
- 🌐 www.torwirtschaft-dresden.de

Treffpunkt im Großen Garten mit 800 Plätzen unter großen Bäumen im Biergarten.

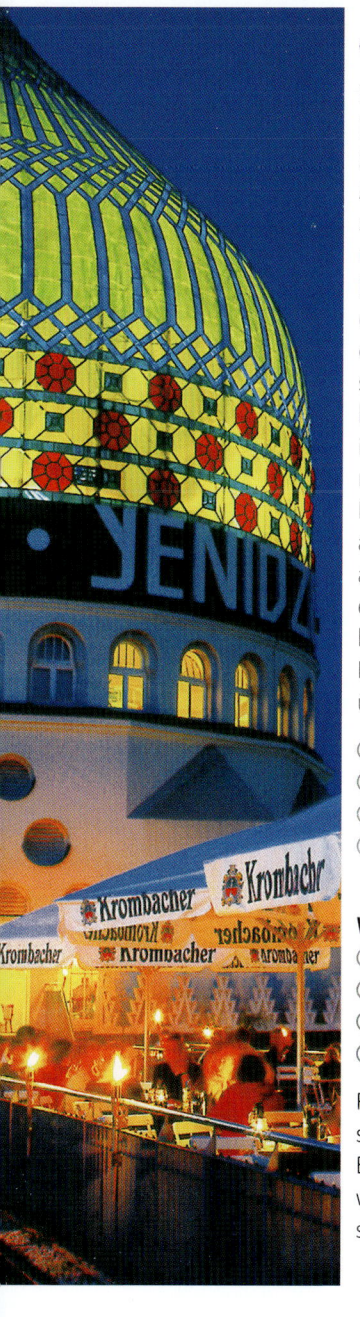

⚠ YENIDZE

Einen genialen Werbetrick ersann Hugo Zietz, als er seine Tabak- und Zigarettenfabrik nach dem türkischen Anbaugebiet Yenidze benannte und sich vom Architekten Martin Hammitzsch 1907 eine Fabrik im Stil einer Moschee erbauen ließ. Dass sich unter dem Bau mit der bunten Glaskuppel, den maurischen Fliesen und Jugendstilelementen ein Stahlbetonskelettbau verbirgt und der Schornstein im Minarett versteckt ist, ahnt heute niemand mehr.
Hammitzsch wurde für seinen Entwurf aus der Reichsarchitektenkammer ausgeschlossen, Zietz aber stieg zu einem der ganz Großen der Tabakbranche auf. Heute kannst du vom Restaurant in der Kuppel einen Blick über Dresden werfen.

- ⊙ Weißeritzstraße 3 (Friedrichstadt)
- ⊙ Maxstraße
- ⊙ ab 12 Uhr
- ⊕ www.kuppelrestaurant.de

Watzke Ball & Brauhaus

- ⊙ Kötzschenbroder Straße 1 (Pieschen)
- ⊙ Altpieschen
- ⊙ Tel. 0351/852920
- ⊙ 11-24 Uhr

Probier im Biergarten mit schattenspendenden Bäumen und Canaletto-Blick ein hausgebrautes Pils und vergiss nicht den Blick in einen der schönsten Ballsäle Sachsens zu werfen!

MUSIK, THEATER & KINOS

MUSIK

Alter Schlachthof

- ⊙ Gothaer Straße 11 (Leipziger Vorstadt)
- ⊙ Hafenstraße, Großenhainer Platz
- ⊙ Tel. 0351/431310
- ⊕ www.alter-schlachthof.de

Beliebter Konzertort, in dem regelmäßig Größen aus Pop und Rock
auftreten.

Festspielhaus Hellerau

- ⊙ Karl-Liebknecht-Straße 56 (Hellerau)
- ⊙ Heinrich-Tessenow-Weg
- ⊙ Tel. 0351/264620
- ⊕ www.hellerau.org

Sitz des Europäischen Zentrums der
Künste Hellerau, das u.a. Theater, Tanz,
Performance und Musik, darunter die
Dresdner Tage der zeitgenössischen
Musik im Programm hat.

Hochschule für Musik Carl Maria von Weber

- ⊙ Wettiner Platz 13 (Altstadt)
- ⊙ Bahnhof Mitte
- ⊙ Tel. 0351/4923600
- ⊕ www.hfmdd.de

In der Aula finden oft Konzerte aller Art
bei freiem Eintritt statt.

Jazzclub Neue Tonne

im Keller des Kulturrathauses Dresden

⊙ Königstraße 15 (Neustadt)

◉ Albertplatz

⊘ Tel. 0351/8026017

⊕ www.jazzclubtonne.de

Eine Institution in Sachen Jazz in Dresden, die Reihen wie JazzDD oder die Jam Sessions und Konzerte mit internationalen Stars der zeitgenössischen Jazzszene anbietet.

Dresdner Sinfonie

Programm und Spielstätten unter:

⊕ www.dresdner-sinfoniker.de

Preisgekröntes, noch junges Sinfonieorchester völlig neuen Zuschnitts, das zeitgenössische Musik (ur-) aufführt.

Kulturpalast

⊙ Schloßstraße 2 (Altstadt)

◉ Altmarkt

⊘ Tel. 0351/4866866

⊕ www.kulturpalast-dresden.de

Im Konzertsaal des komplett umgebauten DDR-Baus hat die Dresdner Philharmonie, das Konzertorchester der sächsischen Landeshauptstadt, wieder ihre traditionelle Spielstätte zurückbekommen.

Semperoper

⊙ Theaterplatz 2 (Altstadt)

◉ Postplatz

⊘ Tel. 0351/4911705

⊕ www.semperoper.de

Eines der berühmtesten und schönsten Opernhäuser der Welt., Es ist auch das Stammhaus der Sächsischen Staatskapelle Dresden, des ältesten kontinuierlich bestehenden Orchesters der Welt, und des SemperOper Balletts.

Staatsoperette Dresden

⊙ Kraftwerk Mitte 1 (Innenstadt)

◉ Bahnhof Mitte, Schweriner Straße

⊘ Tel. 0351/32042222

⊕ www.staatsoperette-dresden.de

Eine der wenigen Bühnen des heiteren Musiktheaters in Europa, das neben den Werken des Wiener Walzerkönigs weitere Operetten und Musicals im Spielplan hat.

THEATER & KABARETT

Boulevardtheater Dresden

- ⊙ Maternistraße 17 (Wilsdruffer Vorstadt)
- ⊙ Josephinenstraße
- ⊘ Tel. 0351/26353526
- ⊕ www.boulevardtheater.de

Die Heimat für Unterhaltungskultur
und Volkstheater in Dresden.

Comödie Dresden

Freiberger Straße 39 (im World Trade Center/
Altstadt)
- ⊙ Freiberger Straße
- ⊘ Tel. 0351/866410
- ⊕ www.comoedie-dresden.de

Das Haus für alle Freunde der leichten
Unterhaltung zeigt Boulevardtheater,
Komödien und Revuen.

Dresdner FriedrichstaTT Palast

- ⊙ Wettiner Platz 10 (Wilsdruffer Vorstadt)
- ⊙ Bahnhof Mitte
- ⊘ Tel. 0351/4904009
- ⊕ www.dresdner-friedrichstatt-palast.de

Kleinkunsttheater mit Kabarett, Musik
und Theater.

Herkuleskeule

- ⊙ Wettiner Platz 10 (Altstadt)
- ⊙ Altmarkt
- ⊘ Tel. 0351/4925555
- ⊕ www.herkuleskeule.de

Politisch-satirisches Kabarett, das eines
der besten und spritzigsten der ganzen
Republik ist.

Schauspielhaus

- ⊙ Theaterstraße 2 (Altstadt)
- ⊙ Postplatz
- ⊘ Tel. 0351/4913555
- ⊕ www.staatsschauspiel-dresden.de

Heimstätte des Staatsschauspiels
Dresden und größte Theaterbühne der
Stadt, die Inszenierungen von klassi-
schen und zeitgenössischen Stoffen im
Programm hat.

Societaetstheater

- ⊙ An der Dreikönigskirche 1a (Neustadt)
- ⊙ Albertplatz
- ⊘ Tel. 0351/8036810
- ⊕ www.societaetstheater.de

Dresdens ältestes Theater ist ein
Kammertheater mit Bühne, auf der
Sprech-, Tanz- und Figurentheater
geboten wird.

Theaterkahn - Dresdner Brettl

- ⊙ Terrassenufer an der Augustusbrücke
  (Altstadt)
- ⊙ Theaterplatz
- ⊘ Tel. 0351/4969450
- ⊕ www.theaterkahn-dresden.de

Heine, Valentin, Kästner und andere
berühmte Autoren laden zu span-
nenden Programmen auf dem alten
Elbkahn ein.

Die lustige Witwe

Theaterruine

- ⊙ Königsbrücker Platz (Hechtviertel)
- ◉ Tannenstraße
- ⊙ Tel. 0351/2721444
- ⊕ www.pauliruine.de

Die Ruine der St. Pauli Kirche wird im Sommer zur Bühne für Theater, Konzerte und Events.

KINOS

Filmtheater Schauburg

- ⊙ Königsbrücker Straße. 55 (Neustadt)
- ◉ Bischofsweg
- ⊙ Tel. 0351/8032185
- ⊕ www.schauburg-dresden.de

Kultkino aus den Goldenen Zwanzigern, das neben Filmen regelmäßig Konzerte, Lesungen und Filmfestivals im Programm hat.

Thalia Cinema. Coffee and Cycling

- ⊙ Görlitzer Straße 6 (Neustadt)
- ◉ Görlitzer Straße/Nordbad
- ⊙ Tel. 0351/6524703
- ⊕ www.thalia-dresden.de

Dresdens kleinstes und preisgekröntes Programmkino.

EVENTS

März

Lange Nacht der Theater: Dresdner Theater und Ensembles zeigen auf mehr als 30 Bühnen Kostproben ihres Schaffens.

🌐 lange-nacht-der-dresdner-theater.de

April

Filmfest Dresden: eines der wichtigsten Festivals des Genres Kurzfilm in Deutschland.

🌐 www.filmfest-dresden.de

Mai

Dresdener Frühjahrsmarkt: Händler und Schausteller bieten vielfältige Attraktionen und ein Programm für Groß und Klein.

🌐 www.dresden.de/de/leben/sport-und-freizeit/maerkte/fruehjahrsmarkt.php

Internationales Dixielandfestival: mehrtägige Veranstaltungsreihe für Dixieland-Musik.

🌐 www.dixielandfestival-dresden.com

Dresdner Musikfestspiele: eines der größten und renommiertesten Klassik-Festivals in Europa

🌐 www.musikfestspiele.com

Juni

Bunte Republik Neustadt: Stadtteilfest

🌐 www.brn-dresden.de

Elbhangfest: Von Loschwitz bis Pillnitz verwandelt sich die Landschaft in ein großes Festgelände mit bis zu 200 verschiedene Veranstaltungen.

🌐 www.elbhangfest.de

Juli

Dresdner Schlössernacht: eine Nacht voller Kunst und Kultur in den drei Parkanlagen der Dresdner Schlösser
🌐 www.dresdner-schloessernacht.de

Filmnächte am Elbufer: Deutschlands größtes Freilichtkino-Festival
🌐 dresden.filmnaechte.de

Schaubudensommer: Internationales Sommerfestival für Theater, Vergnügen und Musik.
🌐 www.schaubudensommer.de

August

Dresdner Stadtfest
🌐 www.canaletto-fest.de

UrbanArt Festival Dresden: von den Akteuren des LackStreichekleber e.V.
🌐 www.lackstreichekleber.de

September

Literatur jetzt! – Festival zeitgenössischer Literatur:
🌐 www.literatur-jetzt.de

Oktober

Jüdische Woche Dresden: Jüdische Musik und Theater
🌐 juedische-woche-dresden.de

November

Jazztage Dresden: mit nationalen und internationalen Stars der Jazz-Szene
🌐 www.jazztage-dresden.de

Dezember

Dresdner Striezelmarkt: Deutschlands ältester Weihnachtsmarkt
🌐 www.striezelmarkt.dresden.de

MUSEEN

Deutsches Hygiene-Museum
- ⊙ Lingnerplatz 1 (Seevorstadt Ost)
- ◉ Deutsches Hygiene- Museum
- ⊘ Di-So 10-18 Uhr
- ⊕ www.dhmd.de

Universalmuseum zum Menschen, das Aspekte des menschlichen Lebens behandelt.

Gläserne Manufaktur
- ⊙ Lennestraße 1 (Pirnaische Vorstadt)
- ◉ Straßburger Platz
- ⊘ Mo-Sa 9-17 Uhr, Führung zu jeder vollen Stunde
- ⊕ www.glaesernemanufaktur.de

Hier kannst du die Vielfalt moderner Elektromobilität von Volkswagen erleben.

Kupferstich-Kabinett Im Residenzschloss
- ⊙ Taschenberg 2 (Altstadt)
- ◉ Theaterplatz
- ⊘ Di-So 10-18 Uhr
- ⊕ kupferstich-kabinett.skd.museum

Meisterwerke auf Papier: Zeichnungen, Druckgrafik und Fotografie

Kunstgewerbemuseum Schloss Pillnitz
- ⊙ August-Böckstiegel-Straße 2 (Pillnitz)
- ◉ Schloss Pillnitz
- ⊘ Di-So 10-17 Uhr
- ⊕ kunstgewerbemuseum.skd.museum

Alltagsgegenstände als Zeugen ihrer Zeit.

Militärhistorisches Museum der Bundeswehr
- ⊙ Olbrichtplatz 2 (Leipziger Vorstadt)
- ◉ Olbrichtplatz, Stauffenbergallee
- ⊘ Mo 10-21 Uhr, Di, Do-So 10-18 Uhr
- ⊕ www.mhmbw.de

Die Dokumentation von über 800 Jahren deutscher Militär- geschichte im spektakulären Libeskind-Neubau.

Panometer Dresden

- ⊙ Gasanstaltstraße 8 (Seidnitz/Dobritz)
- ◉ Nätherstraße
- ⊙ Mo–Fr 10–17 Uhr, Sa-So 10–18 Uhr
- ⊕ www.panometer-dresden.de

Im Wechsel werden im ehemaligen Gasspeicher die Panoramen „DRESDEN 1945 – Tragik und Hoffnung einer Europäischen Stadt" oder „DRESDEN IM BAROCK – Mythos der Sächsischen Residenzstadt" ausgestellt.

Porzellansammlung Im Residenzschloss

- ⊙ Taschenberg 2 (Altstadt)
- ◉ Theaterplatz
- ⊙ Di-So 10-18 Uhr
- ⊕ porzellansammlung.skd.museum

Umfangreichste keramische Spezialsammlung der Welt.

Städtische Galerie Dresden – Kunstsammlung

- ⊙ Wilsdruffer Straße 2 (Altstadt)
- ◉ Pirnaischer Platz
- ⊙ Di-So 10-18 Uhr
- ⊕ galerie-dresden.de

Streifzug durch die Dresdner Kunst des 20. und 21. Jahrhunderts.

TimeRide

- ⊙ Taschenberg 3 (Altstadt)
- ◉ Theaterplatz
- ⊙ Di-So 10.30-18.30 Uhr
- ⊕ www.timeride.de/dresden

Zeitreise dank Virtual Reality in das barocke Elbflorenz.

Verkehrsmuseum im Johanneum am Neumarkt

- ⊙ Augustusstraße 1 (Altstadt)
- ◉ Pirnaischer Platz, Theaterplatz
- ⊙ Di-So 10-18 Uhr
- ⊕ www.verkehrsmuseum-dresden.de

Zeitreise durch die Geschichte des Verkehrs.

FREIZEIT, SPORT & SPIEL

Alaunpark
⊙ (Äußere Neustadt)

Die Liegewiese der Neustadt und Treffpunkt für Jung und Alt.

Alter Bienertpark
⊙ (Plauen)
⊕ www.dresden.de/de/stadtraum/umwelt/gruenes-dresden/gruenanlagen-parks/alter-bienertpark.php

Park mit reicher Flora und Fauna, wo du auf dem Aussichtsturm am Hohen Stein einen traumhaften Ausblick hast.

Badestelle Weißig
⊙ Am Marienbad 12 (Weißig)
◉ Hermann-Löbs-Straße
⊘ 10-19 Uhr (Sommer)
⊕ www.dresdner-baeder.de

6.000 Quadratmeter naturnaher großer Badesee am Rand der Dresdner Heide. Vorsicht, keine Wasseraufsicht!

Badestelle Weixdorf
⊙ Zum Sportplatz 1a (Weixdorf)
◉ Weixdorf (Rathenaustraße, Gleisschleife)
⊘ 10-19 Uhr (Sommer)
⊕ www.dresdner-baeder.de

Ehemaliges Waldbad mit Erlebnisspielplatz, Beachvolleyballfeld und einem Fußballkleinfeld. Keine Wasseraufsicht!

Dresdner Heide

Dresdens Naherholungsgebiet mit Denkmälern wie dem Sowjetischen Garnisonsfriedhof, Naturdenkmälern wie den Riesaneichen, kleinen Bachläufen und vielem mehr. Am besten gehst du mit dem Fahrrad auf Erkundungstour.

Elbamare Erlebnisbad
⊙ Wölfnitzer Ring 65 (Gorbitz Ost)
◉ Merianplatz
⊘ 10-22 Uhr
⊕ www.elbamare.de

Großer Wasserpark mit Rutschen, Pools und Saunen.

GreenBike Fahrradverleih
⊙ An der Frauenkirche 5 (neben Hilton Hotel Dresden/Altstadt)
◉ Pirnaischer Platz
⊘ 9-13 Uhr, 14-17 Uhr
⊕ www.dresden-fahrradvermietung.de

Hochwertige Mieträder, E-Bikes, Citybikes, Kinderräder und mehr für deine Fahrradtour.

Großer Garten

- ⊙ (Pirnaische Vorstadt)
- ◉ Botanischer Garten
- ⊙ Parkeisenbahn: Mi-Fr 13-18 Uhr,
  Sa-So 10-18 Uhr
- ⊕ www.grosser-garten-dresden.de

Größter Park der Stadt barocken Ursprungs, den du mit der Parkeisenbahn erkunden kannst.

Zoo Dresden

- ⊙ Tiergartenstraße 1 (Seevorstadt-Ost)
- ◉ Zoo
- ⊙ 8.30-18.30 Uhr (Sommer),
  8.30-16.30 Uhr (Winter)
- ⊕ www.zoo-dresden.de

Einer der artenreichsten Zoos Deutschlands mit Afrikahaus und Löwensavanne.

Zschonergrundbad

- ⊙ Merbitzer Straße 61 (Cotta)
- ◉ Zschonergrundstraße
- ⊙ ca. 12-18 Uhr
- ⊕ zschonergrundbad.com

Naturbad in der waldigen Umgebung des Landschaftsschutzgebietes mit historischen Umkleidekabinen, Liegewiesen und schattigen Bäumen entlang eines kleinen Baches.

WICHTIGE ADRESSEN

ANREISE
Mit dem Flugzeug
Der Flughafen Dresden International liegt ca. neun Kilometer vom Zentrum entfernt. Mit der S-Bahn-Linie S2 kannst du im Halbstundentakt zu den Fernbahnhöfen Dresden-Neustadt und Dresden Hauptbahnhof fahren.

Mit der Bahn
Du hast eine große Auswahl an Zugverbindungen. Die ICE-, EC- oder IC-Züge halten dabei im Dresdner Hauptbahnhof und im Bahnhof Dresden-Neustadt.

Mit dem Bus
Mehrmals täglich kommen Fernbusse an, die entweder am Hauptbahnhof oder am Bahnhof Dresden-Neustadt halten.

🌐 www.flixbus.de
🌐 www. eurolines.de

Mit dem Auto
Dresden ist über die Autobahnen A4, A13 und A17 zu erreichen. Am besten nutzt du die Park & Ride-Plätze und fährst mit öffentlichen Verkehrsmitteln in die Innenstadt.

🌐 www.vvo-online.de/de/service/park-ride

AUSKUNFT
Dresden Information
📍 Prager Straße 2b
   01069 Dresden
📞 0351/501501
🌐 www.dresden.de/de/tourismus/informati-on/dresden-information.php

Dresden Information an der Frauenkirche
📍 QF-Passage, Neumarkt 2
🕐 Mo-Fr 10-19 Uhr, Sa 10-18 Uhr,
   So 10-15 Uhr

Dresden Information im Hauptbahnhof
📍 Wiener Platz 4
🕐 9-19 Uhr

BANKEN
Die Banken in Dresden haben zu den üblichen Geschäftszeiten (ca. 9-16 Uhr) geöffnet.

Reisebank Dresden Hauptbahnhof
🕐 Mo-Fr 8-20 Uhr, Sa 10-18 Uhr

Deutsche Bahn
📞 030/2970
🌐 www.bahn.de

Dresden Card
Gibt es wahlweise als Dresden City Card mit freier Fahrt mit Bus & Bahn sowie zahlreichen Ermäßigungen für 1, 2 oder 3 Tage, als Dresden Regio Card für Dresden und Umgebung oder als Dresden Museums Card mit freiem Eintritt in die bekanntesten Museen und Ausstellungen.

🌐 https://www.dresden.de/de/tourismus/dresden-welcome-cards.php

Flughafen Dresden
📞 0351/8810
🌐 dresden-airport.de

Geschäftszeiten: In der Regel haben die Geschäfte in den Haupteinkaufsbereichen von Montag bis Samstag von 10 bis 20 Uhr geöffnet.

KARTENVORVERKAUF
Konzertkasse im Florentinum
📍 Ferdinandstraße 12
📞 Tel. 0351/8666011

Konzertkasse in der Schiller Galerie
📍 Loschwitzer Straße 52a
📞 Tel. 0351/315870
🌐 www.konzertkasse- dresden.de

SaxTicket – Der Kartenschalter in der Schauburg
📍 Königsbrücker Straße 55 (Innere Neustadt)
📞 Tel. 0351/8038744
🌐 www.cybersax.de

NOTRUFE
Polizei
📞 110

Feuerwehr
📞 112

Ärztlicher Notdienst
📞 116 117

Zahnärztlicher Notdienst
📞 0351/323 717 88

Apotheken-Notdienst
🌐 0800/00 22 833

ADAC-Pannenhilfe
📞 089/20204000

ÖFFENTLICHE VERKEHRSMITTEL
Dresdner Verkehrsbetriebe AG
📞 Servicetelefon: 0351/8571011
🌐 www.dvb.de

Taxi
📞 0351/211211
🌐 www.taxi-dresden.de

Dresdner Chauffeur Service
📞 0351/8888888
🌐 www.8mal8.de

DRESDENER GESCHICHTE(N)

1089 wird Heinrich I. Markgraf von Meißen und die Herrschaft der Wettiner beginnt.

1206 wird Dresden erstmals urkundlich erwähnt.

1403 erhält das rechtselbisch gelegene Dresden (Altendresden) das Stadtrecht.

1485 teilen die Brüder Ernst und Albert Sachsen auf und Dresden wird zur Residenzstadt der albertinischen Linie.

1539 wird die Reformation in Dresden eingeführt.

1547 bekommt Herzog Moritz die Kurwürde verliehen und Sachsen wird der bedeutendste protestantische Staat Deutschlands.

1549 werden Dresden und Altendresden vereint.

1685 vernichtet ein schwerer Stadtbrand in Altendresden fast alle Häuser.

1694 wird Friedrich August I. (August der Starke) Kurfürst.

1697 tritt August der Starke zum Katholizismus über und wird als August II. polnischer König.

1709 entdeckt Johann Friedrich Böttger die Formel zur Herstellung von Porzellan und ein Jahr später wird die Meissener Porzellanmanufaktur gegründet.

1710 beginnen die Bauarbeiten am Zwinger, 1726 an der Frauenkirche.

1733 tritt nach dem Tode August des Starken sein Sohn Friedrich August II. die Nachfolge als Kurfürst an.

1806 besetzen französische Truppen Dresden und die Stadt wird Hauptstadt eines von Napoleons Gnaden erhobenen Königreiches Sachsen.

1831 erhält Sachsen seine erste Verfassung.

1838 beginnt der Bau der ersten Semperoper.

1849 wird der Dresdner Maiaufstand blutig niedergeschlagen.

1862 beginnt die erste deutsche Zigarettenfabrik in Dresden mit der Produktion.

1901 nimmt die erste Bergschwebebahn der Welt in Loschwitz ihren Betrieb auf.

1905 wird die Künstlervereinigung „Brücke" gegründet.

1918 dankt der sächsische König ab und Dresden wird Hauptstadt des Freistaates Sachsen.

1945 wird die Stadt vom 13. bis 15. Februar von Flugzeugverbänden der Alliierten bombardiert und weit-gehend zerstört. Mindestens 35.000 Menschen sterben.

1952 wird Dresden mit dem Abschaffen der Länder und der Neugliederung durch die DDR Bezirksstadt.

1965 wird der Zwinger als erstes historisches Bauwerk wiedereröffnet.

1978 werden die ersten „Dresdner Musikfestspiele" durchgeführt.

1985 ist der Wiederaufbau der Semperoper abgeschlossen.

1989 wird mit der friedlichen Revolution in Dresden und anderswo das Ende der DDR eingeleitet.

1990 wird Dresden mit der deutschen Wiedervereinigung Hauptstadt des neu gegründeten Freistaates Sachsen.

2002 überflutet das Jahrhundert-Hochwasser weite Teile der Stadt.

2004 kann man das Neue Grüne Gewölbe, 2006 das Historische Grüne Gewölbe wieder besichtigen.

2005 wird die wiederaufgebaute Frauenkirche geweiht.

2006 wird Dresden Stadt der Wissenschaften und feiert sein 800-jähriges Jubiläum.

2013 wird die Waldschlößchenbrücke eröffnet.

2015 erhält Dresden vom Ministerkomitee des Europarates den Europapreis.

IMPRESSUM

© BKB Verlag GmbH 2022
Alle Rechte vorbehalten

Herausgeberin:
Dr. Brigitte Hintzen-Bohlen

Gestaltung:
Petra Kretzschmar

Druck:
Brandt GmbH, Bonn

ISBN 978-3-96722-006-3

Alle Angaben und Informationen sind gewissenhaft recherchiert und sorgfältig überprüft worden. Dennoch sind Fehler nicht immer vollständig zu vermeiden. Korrekturen und Ergänzungsvorschläge greifen wir aus diesem Grunde gerne auf.

BKB Verlag GmbH
Auerstraße 4
50733 Köln
Telefon 0221/9521460
www.bkb-verlag.de
mail@bkb-verlag.de

Updates und News
nach Redaktionsschluss

Bildnachweis

Alle Bilder BKB Verlag mit Ausnahme von Alte Meister/Franz Marc Frei 55; ARCOTEL Hotels/© Harald Eisenberger 49; Café Fräulein Lecker 52; Christoph Münch (DML-BY) 4 l. 4.R., 18; Davide Cappelli (https://commons.wikimedia.org/wiki/File: Italienisches_Dörfchen_-_panoramio.jpg), „Italienisches Dörfchen-panoramio", Ausschnitt von BKB Verlag, https://creativecommons.org/licenses/by-sa/3.0/legalcode 12; de:Benutzer:Dr.Meierhofer (https://commons.wikimedia.org/wiki/File:Dresden-Porzellansamlung.JPG), „Dresden-Porzellansammlung", Ausschnitt von BKB Verlag, https://creativecommons.org/licenses/by-sa/3.0/legalcode 47; DEU/Sachsen ©Sylvio Dittrich 4 r. 3.R., 39; Deutsche Fotothek (https://commons.wikimedia.org/wiki/File:Fotothek_df_ps_0000010_Blick_vom_Rathausturm.jpg), „Fotothek df ps 0000010 Blick vom Rathausturm", ausschnitt von BKB Verlag, https://creativecommons.org/licenses/by-sa/3.0/de/legalcode 71; DMG/Dittrich 15 o.; Dresden Marketing GmbH/Christoph Münch U1, 17, 41; Dresden Marketing GmbH/ddpix.de 1; Dresden Marketing GmbH/Sven Döring 57; Dresden Marketing GmbH/Sylvio Dittrich 36 u.; Dresden Marketin GmbH/Frank Exß 35; Dresdner Molkerei Gebrüder Pfund GmbH 34; Erik Gross (DML-BY) 69; Frank Exß (DML-BY) 4 r.2.R., 22, 32, 40, 42 u.; Gemeinfrei 13, 23, 48 u.; iStock/bibi57 2; iStock/DaLiu 44-45; iStock/Olena_Z 9; iStock/tupungato 4 r.o., 30; Kay Körner, Dresden (Saxony) (https://commons.wikimedia.org/wiki/File:Brühlich_Terrace_Dresden_24.jpg), „Brühlich Terrace Dresden 24", Ausschnitt von BKB Verlag, https://creativecommons.org/licenses/by-sa/2.5/legalcode 20; Oliver Killig 46; Martin Förster (DML-BY) 67; Moritz Schlieb (DML-BY) 62-63; newpic.eu 58; pixabay.com/Andreas 19;pixabay.com/David Mark 4 l.o., 10; pixabay.com/Gert Spießhofer 14; pixabay.com/Jan Claus 15 u.; pixabay.com/Tobias Schönebeck 42 o.; Schlösserland Sachsen/www.schloesserland-sachsen.de 43, 64-65; Schlösserland Sachsen/Ben Walther 21; SKD/David Panzer 28-29; SKD/HC-KRASS 27; Stiftung Frauenkirche Dresden/JürgenVetter 25 o.; Staatsoperette Dresden/Marlies Kross 61; Stiftung Frauenkirche Dresden/Oliver Killig 4 l.2.R., 24; Sven Döring/Agentur Focus U4, 6-7, U4; Sylvio Dittrich (DML-BY) 11; TMGS Tourismus Marketing Gesellschaft Sachsen mbH/Lukas Kapfer 48 o.; Tommy Halfter (DML-BY) 33, 36 o.; unplash.com/Theresa Block 4 l. 3.R.